국 혼

나라꽃 무궁화 운동 43주년

국 혼

여정 명승희 여섯 번째 시집

도서출판 그늘

◇ 발간사 ◇

내 철학 속에 생활

여섯 번째 시집을 내면서 나는 내 삶속에서 우러난 진솔한 내 마음을 전하고 있다. 시를 쓰는 내 마음은 언제나 청춘의 젊음을 노래하고 항시 눈으로 보고 마음으로 느끼는 삶의 현장을 가득 담아보는 현실과 함께 있다.

그래서 나는 유명한 시를 쓰는 게 아니고 가깝게 보는 현실을 시의 형식으로 담아내고자 한다.

안도섭 시인께서는 서정성과 사회성을 담고 있는 진솔한 삶의 시인이라고 평가한 내 시에 대한 과분한 평가로 항상 감사하게 생각한다. 나는 나라꽃 무궁화 사랑운동을 통하여 애국애족의 정신운동을 한 사람으로 평가받고 싶다. 나는 나이는 숫자에 불가하다는 내 철학 속에 생생한 삶을 엮어가고 있다. 또한 무궁화는 영원한 것이고 5천년 역사 속에 선열들의 흘린 피는 결국은 헛되지 않을 것이다. 이 나라 국혼은 꺼지지 않고 훨훨 타오르고 3.1운동 정신은 무궁화 정신임을 다시 한 번 강조한다.

2019년 현재 (사)대한무궁화중앙회는 창립 43주년을 맞았다. 정부나 정치인들이 앞장서야 하는데 지금까지 내 사재를 털어 하다 보니 두 아들에게 어미로서 늘 미안하고 가슴이 아프다. 그러나 지금도 부모에게 효심이 가득한 두 아들에게 늘 감사한 마음을 기도로 빌어본다.
아직도 할 일이 너무 많다.

먼 훗날 세상을 떠날지라도 나라꽃 무궁화는 영원히 피고 또 필 것이다.

2019년 9월 10일
명 승 희 총재

◇ 축사 ◇

축하하는 글

석가모니는 마지막 설법에서 "우리 모두는 하나하나의 섬이다. 그 섬에 불을 밝히고 자기의 길을 가야 한다. 신에게도 악마에게도 의지하지 말고"라고 설파했다. (사)대한무궁화중앙회 명승희 총재의 섬은 무궁화 사랑과 나라사랑이다.

명승희 총재는 지난 43년 동안 무궁화사랑 나라사랑이란 섬에 불을 밝히고 매진해 왔다. 전국적으로 무궁화를 심고, 무궁화 탑을 세우고, 무궁화 공원을 조성하고, 무궁화 전시관을 건립하고, 무궁화 선양행사를 거행하고, 무궁화 강연을 계속하고, 무궁화 관련 책과 시집을 발간했다.

지난 43년 동안 명승희 총재는 15권의 책과 6권의 시집을 발간했다.
이번에 발간된 시집에는 총 92편의 아름다운 시가 수록되어 있다. 자연을 노래하고, 나라를 걱정하고,

인생을 음미하고, 무궁화 정신을 일깨워주고 있다.

명승희 총재는 무궁화를 선양하는 사회운동가이다. 사회운동가가 시를 쓴다는 것은 놀라운 일이다. 일반적으로 운동가는 시를 쓰기 어렵고, 시인은 사회운동을 하기 어렵다. 그런데 명승희 총재는 오래 전에 7편의 시로 문학세계에 등단한 시인이면서 사회운동가이다.

명승희 총재는 꿈을 먹고 사는 사람이다. 자나 깨나 지난 43년 동안 무궁화사랑 나라사랑이란 꿈을 품고 정진한 사회운동가이다. 꿈꾸는 사람은 항상 아름답고 행복하다. 역사는 꿈꾸는 자의 것이다. 그러니까 역사는 꿈을 꾸는 사람에 의해서 창조되는 것이다.

세월이 흐르고 시간이 지나면서 꿈 많던 명승희 총재도 지나온 세월과 흘러간 시간에 대한 아쉬움과 회환을 시를 통해 표현하고 있다. 연륜이 쌓여가면서 부모님에 대한 효심, 가족에 대한 사랑, 잊혀진 옛 친구, 그리운 임에 대한 생각들이 시 곳곳에 흘러넘친다.

"흔들리지 않고 피는 꽃이 있으랴 그 어떤 아름다운 꽃들도 다 흔들리면서 피었나니" 나는 명승희 총재가 어려움 속에서도 흔들리면서 피는 꽃이 되기를 간절히 바란다. 높이 나는 새는 연못에 자신의 그림자를 남기지 않는다고 한다.

여섯 번째의 시집의 발간을 진심으로 축하한다.

서 정 우
연세대학교 명예교수

◇ 축사 ◇

명승희의 여섯 번째 시집 『국혼』에 부쳐

상처받는 건 사람뿐이 아니다. 마을도, 사회도, 국가도 상처를 받는다. 이 모든 상처는 연결돼 있다. 일제 식민통치로 국권(國權)을 잃었던 나라의 상처는 분단과 전쟁, 이산(離散)과 굶주림, 독재와 폭력의 고통을 우리에게 안겼고, 그 상흔은 저마다의 가슴에 남아있다. 3·1운동 100주년은 우리에게 그 상처를 되새기게 한다. 되새기면서, 이제는 극복하라고 속삭인다. 지난 100년은 다 함께 아팠고 슬펐노라고, 앞으로는 좋은 일만 있을 거라는 희망을 가지라고, 그러나 잊지는 말라고….

대한무궁화중앙회 명승희 총재의 여섯 번째 시집 『국혼』에는 이런 속삭임이 담겨있다. 건국(임시정부 수립) 100년, 5,000만 국민이 늘 되뇌었고 또 들었던 말들이 나라꽃 무궁화를 통해 봄꽃처럼 활짝 피어난다. 한(恨)의 승화가 우리 민족의 독특한 정서이자 저력인 건 맞지만 그것이 이토록 쉽고도 아름다운 서정으로 바뀔 줄은 몰랐다. 누구든 그의 시를 읽고 고향의 어머님과 군 입대하던 날 눈물을 찍어대던 애인의 모습을 떠올리지 않을 수 없었을 것이다. 졸업하는 제자의 취업을 위해 백방으로 알아보시던 은사의 모습도 아른거렸을 것이다. 이게 우리의 삶의 모습이고 시(詩)다. 필자의 말을 빌리면 "유명한 시를 쓰는 게 아니고, 가깝게 보는 현실을 시의 형식으로 담아낸" 것일 터이다.

 이런 일상성(日常性)이 으레 따라오기 마련인 진부함의 외피를 깨고 나올 수 있었던 것은 『국혼』이라는 시집의 제목에서 드러나듯 평생을 애국운동에 헌신해온 그의 이력 탓이다. 명승희는 무궁화에 미친 사람이다. 평생을 무궁화를 심고 보급하고 가꾸는 일에 받쳐왔다. 그 집념과 애국충정이 그 어떤 시어(詩語)보다도 우리들 가슴을 파고든다. 그는 '대한민국 국혼 무궁화'라는 시에서 이렇게 노래한다. "…나라꽃 무궁화는/ 일제의 감언이설에도/ 아름답게 피어/ 우리의 혼을 살렸으며/ 36년 몰아쳤던/ 폭풍에도 대한의 얼은/ 위대한 민족의 혼으로/ 나라를 지키고 있다." '독도에 핀 무궁화'에선 "…어디에서인들/ 못 피울 건가/ 8천만 나라의 꽃/ 그대 피는 곳에/ 겨레의 강토 끝이 없어/ 뻗어가는 겨레의 혼(魂)/ 무궁화여라"고.

명승희는 오래 전에 문학전문지 『문학세계』를 통해 정식으로 등단한 시인이자 작가다. 그동안 낸 저서가 15권, 시집이 5권에 달한다. 그럼에도 그의 시엔 이렇다 할 기교도 꾸밈도 찾아보기 어렵다. 그는 순백의 종이 위에 굵은 매직펜으로 휘갈기듯 그렇게 자신의 감정을 토해낸다. 그에게 시적(詩的) 장치는 부차적인 것인 것처럼 보인다. 예컨대 그에게 '그리움'이란 그냥 그리운 것이다. "…가슴속 그리움도/ 움직이는 샘물처럼/ 보고 싶고 그리워할 때/ 아름다워요/ 불꽃같은 내 사랑은/ 아쉬운 옛 추억/ 바람처럼 흐르는/ 세월이/ …"(그 사람). "무수한 세월은 끝도 없이 돌고 돌아/ 깨어진 내 청춘의 꿈/ 아쉽더이다./ 세상 끝 백 살인 듯/ 아쉬움 없을까/ …"(그리움은 가슴 속에)

명승희는 2011년 다섯 번째 시집 '무궁화는 영원하리라'에서 시(詩)를 대하는 자신의 자세를 시로 밝힌 적이 있다. "마음이 아파도 책상에 앉아/ 한가로운 마음으로 글을 씁니다./ 수많은 날들과 시간을/

역사 속에서 더듬어 가네./ 감정의 흐름도 시간의 흐름도/ 모두가 걸어온 발자취/ 내 글 속에 가득하구나./ 한 걸음 한 걸음 역사 속에서/ 황금빛으로/ 후세에 길이 남으리라"(시를 쓰는 마음). 그의 이런 자세가 소중하기 이를 데 없다.

시란 결국 한 개인의 삶이자 역사이다. 명승희에게 시는 곧 무궁화요 무궁화는 곧 시다. 그는 시를 통해 무궁화를 노래하고, 무궁화를 통해 시의 세계와 노닌다. 이를 통해 궁극적으로는 자신을 치유(healing)하고, 나아가서는 이웃을, 대한민국을, 그리고 세상을 치유하기를 원한다. 이미 그 치유능력을 증명해보인 그는 앞으로도 죽을 때까지 무궁화를 심고 가꿀 것이다. 그가 무궁화를 한 그루, 한 그루 심을 때마다 말도 많고 탈도 많은 한국사회도 조금씩 치유되지 않겠는가. 나는 명승희가 던지는 이 긍정의 메시지가 좋다.

유 준 상
한국정보기술연구원장, 13대 국회 경제과학위원장(4선)

차례

내 철학 속에 생활 / 명승희   7
축하하는 글 / 서정우   9
명승희의 여섯 번째 시집 『국혼』에 부쳐 / 유준상   12

제1부   대한민국 국혼 무궁화

시를 쓰는 마음   25
인생길   26
3.1운동   27
대한민국 국혼 무궁화   28
최고 훈장   29
무궁화 (1)   30
무궁화 (2)   32
무궁화(안중근)   33
독도에 핀 무궁화   34
지나온 인고 세월   36
무궁화 운동   38
임이시여   39
지나온 세월   40
정치   42
북미 관계   44
후회   46
낙락장송 소나무   47
시간이 짧다   48
푸른 바다   50

제2부 흘러간 노래

그 사람　53
흘러간 옛 노래　54
옛날 봄　56
음악과 함께　58
녹색이 움트는 공원　60
우리 아버지　62
어머님　64
위대한 어머님 회원　66
무용선생 명승희　68
진해 벚꽃 축제　70
종달새 노래하는 봄　72
당신은 가고　73
애 아빠 사랑　74
여의도 공원　76
그리움　77
나와 너　78
잊혀진 옛 친구　79
임 그리고 나　80
옛 이름　81
연못 정각에 앉아서　82
그리움은 가슴 속에　84

제3부 아름답던 서울

붉은 장미　87
비둘기　88
추운 날씨　90
겨 울　91
흐르는 강　92
학의 모정　94
가을 단풍　96
계룡산　97
모든 만물은 무상　98
아름답던 서울　99
세 월　100
순천의 갈대　101
동백섬　102
가을 바람　103
일요일 아침　104
짹짹이는 참새　106
보름 달　108
고요롬　109
해는 서산 넘어　110
4.19　111

제4부 아름다운 추억

가슴을 펴고파   115
동편이 밝아 온다   116
불타 석가모니   117
낙화암 삼천궁녀   118
서울 대학병원   120
젊음은 잠깐   121
당신의 봄   122
백조 두 날개   123
봄은 왔는데   124
설악산 대청봉   126
벚꽃 피는 국회 뜰   128
세월의 단풍   129
소중한 벗   130
아름다운 추억   131
임과 아들   132
장하다 민주화 꽃 조카 전옥주   134
한 강   136
지도자의 아픔   138
인생은 고행   140
홍도 넓은 바다   141
흑산도 아가씨   142

제5부 그리움은 가슴속에

윤길중 부의장님 145
서정우 박사님 146
조혜자 여사님 148
김선식 의사님 150
고대 총장님 이기수 152
지창훈 황북지사 154
유준상 국회의원 156
구석봉 선생님 158
이태영 박사님 회상 160
이강훈 광복회장님 162
박양덕 고문님 165

제1부

대한민국 국혼 무궁화

시를 쓰는 마음

펜을 잡고 시를 쓰니
추억이 생각난다

사랑이란 지난날
여인들의 그리움

예쁜 추억들
미운 아픔도
생각이 난다

수많은 인파속에
걸어온 발자취

때론 즐거움도
보람도 많았지

지금와서 생각하니
모두 다 보고 싶구나.

인생길

쓴맛 단맛 돌이켜보니

힘든날 지나가고

역경의 세월 속에

내 모습 그려본다

힘들고 부딪친 세월

내 마음 깨우치니

스승이 따로있나

너가 스승인걸.

3.1운동

3.1운동 정신이 무궁화정신
유관순열사의 훈장이
1등급 훈장으로 바뀌어

이제야 가슴에 맺힌
유관순열사의 한 맺힌
두 눈에 눈물을 닦아주니

때늦은 역사속에
바로서는 대한민국
만세 만세 만만세
외치구 싶구나.

대한민국 국혼 무궁화

태극기는
일제의 군화발에도
굴하지 않고

우리나라를 지켰으며
나라꽃 무궁화는

일제의 감언이설에도
아름답게 피어
우리의 혼을 살렸으며

36년 몰아쳤던
폭풍에도 대한의 얼은
위대한 민족의 혼으로
나라를 지키고 있다.

최고 훈장

무궁화 대훈장
대통령께 수여되고

각국 국가원수에게 수여
봉황의 휘장이란

성군이 세상을 나오매
오색물에 입추기고

대나무 열매 밥을 삼아
대통령 실 휘장으로
정했대요 그 뜻을
헤아릴 때 비로서
성군일세.

무궁화 (1)

일제 군화 발에
짓밟혀도
살아남은 무궁화

광복과 함께
자리잡은 무궁화

독립정부와 함께
자리잡은 무궁화

애국지사님들의
정신과 함께
살아남은 무궁화

선열들의 핏빛으로
살아남은 무궁화

온 국민의 여망과
함께하는
무궁화여

무궁화 (2)

아침이슬 머금고
하얀 옷자락
휘감고 돌아

삼천리강산에
피어나는 무궁화
대한의 그 향취

세계를 강타하고
지조없이 피는 벚꽃
무궁화를 못 따르리

영원히 피고피여
대한의 얼이 되소서.

무궁화(안중근)

안중근 의사 가슴에
새겨진 무궁화

류관순 열사의
가슴에서
토해내는 그 정신이
무궁화

3.1운동의 그 힘이
무궁화 정신

5천년 역사 속에
살아 숨쉰 무궁화

온 국민의 가슴에
얼을 심어준
무궁화.

독도에 핀 무궁화

국혼 무궁화여
어딘들 못피리
못다 피어나리

꽃술이 날리면
백 리도 가고
한번 피기로 하면
백날을 피고

찬란한 아침 태양을 맞아
피어서
밤이 되면
8천만 겨레와 함께

잠자리 드는 밤이면
졌다가 다시 피어나는
끈질기어라
나라꽃 무궁화여

어디에서인들
못 피울 건가
8천만 나라꽃

그대 피는 곳에
겨레의 강토 끝이 없어
뻗어가는 겨레의 혼(魂)
무궁화여라.

지나온 인고 세월

아프고 괴로웠던
꿈같은 세월

뒤돌아 헤아려보니
부처님 가피구려

나라 위한 업적은
모두가 돈이더라

왜 그리 한 달은
빨리 오는가

43주년을 맞이하면서
그 힘은 부처님의
가피로다

때로는 가슴이 터질 듯
아프고 슬퍼지만
내 조국 생각하니
눈처럼 녹아나네.

무궁화 운동

이런게 고생이라면
안했을 것이다

몇 번을 되새기면서
그 순간을 모면하면

다시 시작한 무궁화운동
애환과 핍박 속에
다시 핀 무궁화

그러매 당신을
사랑합니다

핏빛보다 진한 아픔
얼마나 아파서
붉은 화심으로
물들었을까 무궁화여.

임이시여

지저귀는 새소리
꽃피는 봄이여라
늦은 봄 님을 만나
청춘을 노래했고
예쁜 사랑 미운사랑
아름다운 추억속에
그리움 가슴마다
봄날이 가네.

지나온 세월

조각 조각 부서진
지난 추억들을
한 통의 전화로
더듬어 간다

어릴 때 소꿉 친구
깨벗고 놀던 추억

깔깔대던
웃음소리
귀전에서
감돌고 있다

살아있는
친구도 있고
아파 누운
친구도 있다

그리고 세상을
떠난 친구의
소식이 전해질 때

그 때 그 추억을
회상해 본다.

정치

오늘은 2015년에
상을 타신
진 영 4선 국회의원님
비서분이 찾아왔다

이번 행자부 장관
물망 오르셨다

참으로 양심과 정의가
살아 숨쉬었다

수상한 증명서를
서명 받아 제출준비다
거짓말하는 정치인도 있지만
바른 정치인도 있다.

행자부 장관으로서
면모를 갖춘 분 같다

북미 관계

멀고도 가까운 북녘 땅
남쪽 봄바람인가
살얼음 북녘 땅에
봄이 오는가

온 세계가 주목하는
김정은 위원장

꿈인지 생신지
실감이 나지 않네

비핵화 실천으로
전쟁 없는 세상이라면

너도 나도 얼싸안고
놀아 보세

트럼프, 김정은 세상같구나
온종일 텔레비전은 두 사람으로
가득 하네

금방 평화 종소리가
울릴 것 같다.

후회

지나간 시간들은
시계 속에 지우소서

과거에 머물러서
슬픔을 노래말라

행복했던 그 시절도
잠시 지난 꿈이요

봄볕에 피는 꽃도
바람에 스쳐가고

아픔에 사연들도
세월이 약이더라.

낙락장송 소나무

우뚝 솟은 소나무는
사시사철 푸르러

공해에 못 견디어
마지막 씨앗을
남기려고
곳곳마다 솔방울이 많이도
뒹굴고 있다

하물며 소나무도
씨앗을 남기는데

우리 인간 애를 낳지 않네
백의민족 복 받은 나라
옛 말 같구나.

시간이 짧다

어느 날은 하루가 짧다
아직도 나에게는
할일이 많다

하늘에서 주신
사명인 것 같다

어느 큰스님들께서는
아직도 할 일이
많이 남았단다

아직도 내게는
젊음도 있고
청춘의 추억을
회상 할 때가 많다

아침 5시 기상
30분 체조로 몸 풀고
목욕탕으로 직행한다

물에서 한 시간을 뛰고
몸을 풀며
시간을 보내려고
흘러간 노래로
박수를 받는다

온몸을 풀고 다시
핸들을 잡아
콧노래로 시작한다

아침도 즐거운 마음으로
사무실에 도착
벌써 총무가 끓어준
차를 마시며
하루가 시작된다.

푸른 바다

넓은 바다 깊은 물은
생명을 살려주네

파도여 멈추지 말고
철석철석 노래하라

뛰는 고기떼들
앞으로 뛰다 못해
뒷걸음 치는구나

온 세상이 너희들 세상인양
헤엄쳐 노는 모습이
참으로 한가롭구나.

제2부

흘러간 노래

그 사람

내 사랑 깊어갈수록
낯설고 두렵구려

가슴 속 그리움도
움직이는 생물처럼
보고 싶고 그리워할 때
아름다워요

불꽃같은 내 사랑은
아쉬운 옛 추억
바람처럼 흐르는
세월이

오늘도 이 한몸
청춘도 외면한 채
서산에 해 지는 노을
곱기도 해라.

흘러간 옛 노래

배호 노래는 참으로
감미롭다

거기에 이미자 노래는
뼈 속까지 파고드는
아픔을 노출게 하지

간드러진 하춘화 노래는
추억을 회상케 한다

패티 킴 조수미 노래를
들을 때
잔잔한 파도 위를
거닐면서
맑은 물에 목을 축인
감정이 솟구친다

한 시대를 함께 가는
동행자들이다

각자 사명은 다르지만
모두가 대한민국 속에서
태어났고
국위선양을 위한 길

한국 역사 속에
기억될 수 있는
한 시대를 풍류한
인물이다

가는 길은 다르지만
모두가 나라사랑
국위선양 길이다.

옛날 봄

옛날 봄은 싱그럽고
향기도 경쾌했는데

요즘 봄 왠지 칙칙한
날씨에

화창한 봄날을 보기가
너무 힘들어

예쁜 꽃도 싱싱한
향기에 젖지 못하네

중국에서 날아온 황사에
마스크를 쓰다보니

예쁜 내 입술을 가리다 보니
답답하구나

금수강산 청정한 날은
보기 힘들다.

음악과 함께

나는 음악과 함께
하루를 보낸다

짜여있는 일과를
제외 놓고서
음악이란 온몸의
전신을 풀어준다

고달프고 짜증이 날 때
은은한 멜로디가
잔잔한 맑은 호수처럼
내 귀전을 두드릴 때

온몸에 싸여 든 피로가
사르르 녹아 내린다
함께 콧노래도 부르고
굳은 몸을 조금씩
흔들면서 박자에 따라

좌우로 흔들다 보면
쌓인 피로가 풀린다

음악을 좋아 한 사람은
젊음을 가지고 산다.

녹색이 움트는 공원

여의도 공원을 돌다보면
이름 모른 새 하얀 토끼
고양이들이 뛰어논다

그들도 봄나들이 가족들이
모여서 옹기종기 편히
쉬는 모습이 한가롭다

오늘도 어느 집 잔치음식을 먹을까
눈을 지그시 감고
편히 쉬는 모습이
너무도 평화롭다

여의도는 조순시장 때
만들어진 공원으로
땅 넓이가 6만9천평

그곳이 너희들의 집이요
공원이다

우리 아버지

내 나이
열아홉 살
아버지는 가셨다

장대한 키와
우렁찬 음성에
승희를 외치며
예쁜 칠남 막내딸

늘상 봐도 봐도
예쁜 딸 등 두들겼던
보고픈 아버지

일본 무역에
큰 사업 하신 어른

아버지 가신 후
아버지가 보고 싶어
바다에 갈매기에
우리 아빠 오실 날 좀
전해달라 눈시울 뜨겁게
울던 날이 생각난다

나는 우리 부모 두 분을
지금도 잊지 못한다

이제는 나도 갈 나이 되어도
부모님 사랑은 끝이 없구나.

어머님

어머님은 가슴 속에
영원히 잊혀지지
않는 빛과 그리움
언제나 살아계실
줄만 알았네

다시 못올 그 길을
어머님은
가셨네요

또 다시 태어나
어머님을 만난다면
후회 없는 세상을

못다 핀 꽃망울을
피어보리라

어머님 어머님
그립습니다.

위대한 어머님 회원

나는 여섯 권의 시집을
쓰고 있습니다
그 중에서도 우리 어머니
회원들의 위대함은
책을 통해서 전합니다

비가 오나 눈이오나
바람이 불어와도
한 마음 한 뜻으로
변함없이

무궁화 운동에
앞장 서 오신 어머님들
늘 감사함을 전합니다

돈 많은 여자들은
골프다 바캉스다
먹는데 여념이 없는데

한그루 무궁화를 심고
가꾸는 어머님 회원들
시장 값을 절약해서
회비를 내 주시고

남들 놀 때 시간을 쪼개신
어머님 회원들이 있기에
이 땅에 무궁화는 영원히
필겁니다.

무용선생 명승희

나는 취미가 다양했다

무용도 노래도 잘 했고
운동에도 빼놓 수 없는
특기가 많았다

승마 배구 탁구 다림질
날센 동작으로
나이는 먹었지만 변함이
없이 일하고 움직인다

무용하면 활춤으로부터
중머리 가야금
중중머리 구러리에 맞추어서

흘러가는 순간 순간 동작으로
창작을 하여
학생들께 지도했던
때가 지금도 생생하다

열 가지 재주를 가진 사람은
고달프다 했다

그러나 한번도
후회하거나
하는 일에
싫증을 내 본적이 없다

걸어온 발자취를
뒤돌아보니
열심히 잘 살아 감사하고

하늘에 축복이
내게 내리는
선물인 것 같다

지금도 80살의 나이에
관계없이 오늘도
열심히 살아가고 있다.

진해 벚꽃 축제

벚꽃 축제
수치스러워
봄꽃 축제로
바꾸었네

옛 이름 진해는 웅천이였네
제주도 왕 벚꽃 나름대로
개량하여 물불가리지 않는
일본인들

위대한 명성황후
벚꽃 속에 시해하고
그래도 모자라
대한의 영토쟁탈

잔인한 너희들은
삼십육년 긴 긴 세월
입법인들 국회의사당
벚꽃 축제 웬 말인가
사십 삼년 무궁화운동
봄꽃 축제 바뀌었네.

종달새 노래하는 봄

꽃잎마다 익어가는
예쁜 미소 담은 듯

바람은 시샘하듯
쌀쌀이 불어오네
봄바람 매섭구나

아무리 불어온들
계절에 이길쏘냐

곱게 피는 봄꽃송이
떨어질까 하노라.

당신은 가고

엊그제 헤어진 북만길
너무 멀어

한순간 너무도
보고싶어

당신이 좋아한 배호 노래
들으면서

잊으려해도 생각나는
순간들을
헤아려 보니

떠난지
십년이 되었구려

이 세상 어디에 간들
볼 수 없는 당신의 그림자.

애 아빠 사랑

지나날 생각이 납니다
25살 꽃다운 청춘

당신을 만나든 곳
대서 초등학교

무뚝뚝한 성품에도
구수한 유머소리

나의 굳은 마음
움직인 그 사람

12월 19일은
나의 결혼기념일

아무리 바빠도
그날을 기억했죠

지금은 챙겨 줄
사람도 없구려

젊음에 내 얼굴은
조각처럼 예쁘다고

늘 상 추켜주던 당신
이젠 그 음성도
들을 수 없구려.

여의도 공원

여의도 공원에도
봄이 오나 봐

찬바람 어느새
사라지고

더운 바람과
함께 흙냄새

머지않아
예쁜 꽃향기로
가득하겠지

근데 나는 슬픈 웃음으로
마음이 허전하다
늙음이 서러워서 일까.

그리움

임을 기다리는
핑크빛 고운 자태

바람에 스쳐
행여나 지워질까

수줍은 예쁜 미소
감추고 붉어진
내 모습을

바람에 날려볼까
그 바람 구비쳐
돌고 돌아

내 님께 전해다오.

나와 너

나 너를 통하여
지식과 인격은 배우고

무궁화 운동으로
역사를 쌓고

긴 세월과 인격 속에
내일을 기다리며

오늘도 해는 서산에
지는구나

못다한 일들을
내일로 미루고
모든 것 다 잊고
잠자리에 든다.

잊혀진 옛 친구

만남이 멀어져 가니
다정한 벗들도
멀어져 가는구나

만남의 시간들이
멀어서 인가보다

그러나 추억들은
아름답게
차곡차곡
은은한 음악으로
내 가슴에
담아본다.

임 그리고 나

서로의 다른
인생 길목에서

두 손 모은 손은
그대의 기도로

보이지 않은 그 마음
혈관처럼 소통되어

이 마음 전하여
다오.

옛 이름

정어린 이름 석자

추억 속 임들이며

노을빛 곱게 스쳐

이 밤이 가는구려

언제나 봄볕처럼

정어린 보살핌에

잊을 수 없는 추억들

달빛에 젖어본다.

연못 정각에 앉아서

쉬여 가자 연못 앞에
앉아서
두 다리를 뻗어본다

정각에 연못은 맑고
푸르다

어디서 왔는지
학 한마리
소나무 가지가
휘청하다

작년 겨울에도
혼자 와서
슬프더니
금년에도 혼자 와서
시름을 달래니

너도 나처럼 임이
가셨나 보다
중얼대며 웃어본다.

그리움은 가슴 속에

무수한 세월은
끝도 없이 돌고 돌아

깨어진 내 청춘의 꿈
아쉽더이다

세상 끝 백 살인 듯
아쉬움 없을까

늙은 어머님은
청춘과 추억으로

주름진 얼굴에
웃음꽃 핀다.

제3부

아름답던 서울

붉은 장미

붉은 장미 곱기도 하네
너무 예뻐 너의 지조 지키려
가시가 도쳤나 보다

영국의 장미는 여성으로
인해 세계를 강타하고
경제를 살리는데
여성이였지

왕실의 꽃 장미는
국민이 좋아해서
나라꽃이 되었다오.

비둘기

평화의 상징인 비둘기
요즘은 쳐다보기 싫어하니
보는 나는 늘 가엽고 슬프다

어찌하여 너희들이 천덕꾸러기
되었니

어느 소나무 아래
돌에 적힌 말

비둘기 밥도 줘서는
안된대요

짐승도 사람과 다를 바 없는데
배가 고파 어이할고

인간의 잔인함을
누가 따르리요

김대중 선생님은
평화의 상징
비둘기였다

그 분이 가시니
너희들 운명도
챙겨줄 수 없구나.

추운 날씨

날씨가 춥다보니
유난히 내 몸도 차다

얼은 손 차가워서
입술을 부니

먼데 있는
아낙들 나를 흘겨

너희들도 늙어봐라
항시 지속된
청춘은 잠시간다

늙어봐야 안다는
선배 말이 생각난다.

겨 울

모진 광풍 휘몰아

치더니만

구르는 낙엽송

지조 없이 뒹구는

모습 너무 처량해

모든 열매도 함께

땅에 흙의 걸음되어

봄을 맞을 준비들로

가득하여라.

흐르는 강

강이 깊으매 저절로
배는 뜨고

오리 떼 물밑에서
발로 노력하네

세상에 그저되는게
하나도 없네

갈매기 고기 먹기 위해
두 눈 부릅뜨고
낚아채는 두 날개

놓칠까 노심초사
그 자태 그림 같구나

나는 새들도 생존경쟁이
치열하구나

하늘을 나는 평화로운
새들에게도 먹고 살기 어렵구나.

학의 모정

어느 날 학의 알로부터
날으는 세세한 동작들까지

회원 한 분이
카메라에 담아왔다

둥지에 학이
날으기까지
촬영을 했단다

두 자매 입맞춤
여름 햇빛을 막아주는
어미 마음

인간들의 못된 사람에
비교할 소냐
말 그대로 청아하고
고고함이

참으로 고귀하고
아름다운
학들의 노는
모습을 보고
감탄을 쏟아내고 싶구나.

가을 단풍

예쁘게 물든 단풍도
서러워 우는구나

때굴때굴 바람과 함께
바람 부는 데로 굴러가는
너 모습이 왠지 슬프구려

먹구름은 뭉굴뭉굴
상처받은 너에게
비라도 적셔주고 싶나보다

낙엽 지듯이 인생도 가고
이웃에 슬픈 사연들이
들려오네

너도 나도 극락을
원하매
지옥은 텅빈 공간.

계룡산

계룡산 봉우리는
병풍처럼 둘러있고

아늑한 충청도는
본래 이름 태전인데

일본사람이 클 태자될까
대전이라 이름 부쳐

어찌 그 뿐이랴
남대문 국보는 거짓

일본 놈이 제일 먼저
발 들인 곳 남대문인데

친일파에 부름으로
국보가 웬말인가.

모든 만물은 무상

꽃피니 즐겁지만

낙엽지니 슬프구나

화려한 봄날도

속절없이 흘러가고

영원이란 세상에서

존재할 수 없으며

꽃피면 열매의 결실

내 청춘 같더라.

아름답던 서울

서울은 아름다운
조국의 강토

흙냄새 풀냄새
그윽한 향기

밤이 되면 곳곳에
예쁜 꽃등이
맑은 물위에
보트가 달리고

이 곳 저 곳 텐트 속
사랑을 속삭이니

연인들이 편히 쉴 곳
한강 변인가
하노라.

세 월

흐르는 계절 앞에
청춘을 노래하며

두 손 모아 얼굴을
감싸보는 오늘

아련히 떠오른
옛 사람 스쳐간다

미소로 가득채워
나를 부른다.

순천의 갈대

휘몰아치는 바람과

함께

순천의 갈대밭을

거닐던 옛 추억

순천시장 상과

인연되어

만남도 추억도

지나가는 과거되어

옛날을 더듬어 본다.

동백섬

나로도 바닷물이 철썩이는 곳
백사장 소나무는 장엄도 하지
동백꽃 피어나는 동백섬

총각선생 이미자 노랫소리
출렁이는 파도와 함께
기타를 등에 메고 가는 곳

모래사장 해수욕장
학생들과 어울린 곳

트위스트 춤과 함께 즐거워
뒤돌아 더듬어 보는 추억
다시 못올 청춘이 그립구나.

가을 바람

고독이 쌓여오고
혼자 있는 빈 공간

세상에 혼자 있는 듯
밀려오는 고독으로

내 주위를 감돌 때면
다시 한번 어깨를 펴고
소리 내어 웃어본다

한 순간이 지나고 나면
불경 앞에 엄숙히
선서라도 하는 듯이
기도로 채워본다.

일요일 아침

왠지
오늘은 쉬고 싶다
절에도 가야 하는데
누군가에 위로를 받고 싶은
하루다

포근하고 따듯한
손길이 그립구나

내
괴로운 속마음
시원하게 뱉고푼대
꾹꾹 참으려 하매
울화가 치미는구나

승희야 참어
한 마음 돌려
나도 모른 사이에
관세음보살이
터져나오매
사르 내 마음
가라앉져 본다.

짹짹이는 참새

모이를 주니 어디서
날아 왔는지
많은 새들이 날아든다

무궁화 회원 구박사는
참새들을 볼 적마다
깔깔대고 웃는다

저 작은 새들이
사랑도 하고
가정을 이룬단다

이 세상 모든 자연 속에
사는 짐승은
벌레까지도 그 짝이 있고
새끼를 낳는다

조물주의 장난일까
너무 신기하다.

보름 달

맑은 하늘에
달 볼 때마다

내 마음 너처럼
둥글게 살고 싶구나

모없는 삶으로
어디 부디침 없이
살고 가련다

그러다 보면
바보 같지만

나는 바보가
아니야.

고요롬

조용히 눈을 감아
본다

고요로움에 적막이
흐르고

세월의 구석마다
엮어보는 추억들

그 속에 젖어보니
옛 날이 그립구나

눈을 감고 잊으려해도
세월의 얽힌 사연

눈앞에 닦아서니
아쉬움의 추억들이
눈시울을 적시는구려.

해는 서산 넘어

서산에 저녁 노을
아름답구나

물에 떠 있는 오리떼
뛰어노는 숭어떼

유유히 흐르는 물과 함께
함께 어우려
화음되니 보는 나도
신나는구나

석양 찻잔에 지는
노을 곱기도 해라.

4.19

함성 소리
귓전을 울리고
하늘을 솟은 날

피끓는 청년들
나라 위해 목숨마쳐
오늘의 민주화
정의에 쏟은 피

값진 민주화로
이 강산 혼불되어
영원히 빛나리라.

제4부

아름다운 추억

가슴을 펴고파

높은 산 오르고
또 올라
좁은 내 가슴
활짝 펴고
누군가를 불러본다

누구도 의식하지 않고
온 세상이 내 것처럼
목청이 터지도록

뭉게뭉게 솜털구름
정처없이
떠가네

오늘은 바다도 넓고
하늘은 더욱 높더라.

동편이 밝아 온다

오늘은 시골 언니 집
꼬꼬꼬꼬
날개를 털고 닭이 운다
어려서 듣던 소리에
반가웠지

창문을 열어 바람이
스며든다
은은한 향기와
풀냄새 가득하여라
이 냄새가 바로 정든
내 고향 냄새.

불타 석가모니

삼십이 어른다은
상은
자비와 지혜로
가득하고

불쌍한 중생들에게
지혜와 덕을 주니

부족한 무지들도
희망을 주신 석가세존
그 은혜 하늘같더라.

낙화암 삼천궁녀

백마강 역사와 함께
흐르는 강물아
나룻배에 몸을 실고
임의 넋을 불러본다

삼천궁녀 낙화암에
팔 백년 지킨 사적
구석구석 님의 넋들

오늘도 불러본다
고란사에 종소리
굳은 절개 발자취

의자왕
목마름에
솟은 약수
입추기며

흘러간 옛 역사
삼천궁녀
불러본다.

서울 대학병원

마음은 청춘인데
몸이 나를 괴롭힌다
진찰권 손에 들고
마주 보신 의사님
빙그레 웃어주니
마음이 편트라

세상 어버이들
젊을 때 운동하여
병원은 가지마소

부딪히는 인파 속에
흐른 세월 너무도
야속하드라

옛 날 봤던 그 모습들
검버섯 주름살로
노화로 가득 하더라.

젊음은 잠깐

예쁜 장미도 시들면
그만이라는
유행가 제목이 생각난다

진선미를 갖추던 옛 모습
어디갔나

나이 먹은 어머님이
온 삭신이 다 쑤신다던
그 말이 생각나다

옛 모습 찾으려하니
그것 또한 욕심이라.

당신의 봄

지저귀는 새소리

꽃피는 봄이여라

늦은 봄님을 만나

청춘을 노래했고

예쁜 사랑 미운사랑

아름다운 추억속에

그리움 가슴마다

봄날이 가네.

백조 두 날개

맑은 물 호수 위에
날으는 백조
하늘 끝 높고 넓다

두 날개 펴고
고귀한 자태로
청아한 그 모습

외로이 피는 무궁화
슬퍼 울 때
정어린 날개로
감싸 주던
예쁜 자태에

고달픔을 잊게하는
예쁜 학늘이여
오늘도 변함없이
물 찾아 떠 있구려.

봄은 왔는데

봄날인 것 같은데
몸도 마음도 다 춥구나
오늘은 토요일

썰렁한 사무실에
벚꽃들 만이
나를 반기노라

수많은 인파 속에
하루 해 너무 짧더라

아직도 내게는 할 일 많어
책상에 앉아 글을 쓰고
달력을 표시한다

일주일은 언제 가는지 조차
모른 하루하루
80리를 달리는 오늘
해가 너무 짧구나.

설악산 대청봉

붉게 떠 오르는 햇님과
함께
대청봉 오르네

오는 길손 잘 가오
가는 길 조심하소
처음보는 길 동무들
다 같은 부처님들
오고 가는 정들은
끈끈하고 훈훈하다

해도 넘고 나도 넘어
굽이쳐 돌고 돌아
대청봉 당도하니

햇님도 힘드는가
서산마루 걸쳐 놓고
깜박한 순간 바다 속으로
어둠 깔린 대청봉
달님이 맞아주네.

벚꽃 피는 국회 뜰

활짝 핀 벚꽃에
서러워 우는 마음

채곡채곡 피멍든
세월이 아니드냐
비바람 불고나면
지조 없이 지는 벚꽃

고고히 피어오른
무궁화 비길소냐
은은한 그 품격
대한의 얼이여.

세월의 단풍

예쁘게 물든 단풍도
서러워 우는구나
때굴때굴 바람과 함께

바람 부는대로 굴러가는
너 모습이 왠지 슬프구나

먹구름은 뭉글뭉글
상처받은 너에게
비라도 적셔주고 싶나보다

낙엽 지듯이 인생도 가고
이웃에 슬픈 사연들이
몰려 오네.

소중한 벗

심중에 담은 정을
쉽게 외면 말게

가는 벗 잡으려
말고
함께한 벗들의
소중함을 잊지 마오

인연법을 쉽게 버리는
사람들
잘못 사는가 하노라.

아름다운 추억

돌이 굴러도 웃음이 터지고
살랑이는 봄바람도
웃게 했던 젊은 추억

그런데 지금 돌처럼
즐거움의 노랫 말이
잊어가는 추억은 어디로

늙어가는 것이 아니라
조금씩 변해가는
노사연의 노래 가사가
내 귓전을 스쳐가네.

임과 아들

세상 여성들이여
있을 때 잘 하라는 말
가슴 깊이 새기려나

남편의 돈을 써도
미안한 마음 없드라

남편이 떠난 후
아들이 주는 돈은
늘 쌍 미안하구나

소문난 효자 두 아들
번갈아 주는 돈인데
잘 키운 두 아들인데

왠지 몰라 돈 받고도
때론 눈치 보이는 돈
남편의 돈은 웃고 받아
두 아들 돈 왠지 때론
마음 아픈 사연들.

장하다 민주화 꽃 조카 전옥주

핏줄을 이어 받은
혈육이 아니드냐
대한의 역사 앞에
너의 함성소리

광주시민 잠깨워
총성과 폭음 속에
그 몸을 던졌느냐

대한의 장한 딸
곱게도 키웠는데
휘두르는 개머리판

누명 쒸어 사형틀에
건진 목숨 장하구나

온 몸은 피투성이
그 청춘 불쌍하다
후세에 몸 받아
무궁화로 피오소서.

한 강

잔디밭에 누워
하늘을 본다

저 하늘 그 사람도
보겠지
시원한 바람
내 가슴을 스쳐가네

흐르는 시간
하늘은 어두움을
휘감고
푸른 물결과 함께
피어오른 마포대교

반짝반짝 꽃등이
켜지는데
숨 가쁘게 달려가는
자동차들

나는 한가로이
오늘 하루를
수놓아 기록한다.

지도자의 아픔

잘 나갈 때
세상이
내 것 같은데
어려움이
닥칠 때는
뼈를 깎는 그 아픔을

온 몸이 굳어올 때는
꼬집어도 아프지 않는
이것은 꿈이 아닌 현실

울고 싶은 순간 순간들
그것이
지도자의 가는 길

세상에는
쉽게 얻은 건
하나도 없네

피를 토한
아픔 속에
내 마음 위로 받고
내일을 기다린다.

인생은 고행

나그네 가는 길손
힘든 짐 가득 싣고
숨가빠 고달픔
쉬여나 가게

너
오늘 길 보이지
않거든 거울 앞
마주 보렴

생각이 부족함에
앞길이 어둡거든
부귀와 영화로
가득함은
잘못 산 인생이라.

홍도 넓은 바다

한 때 꿈을 싣고
목포 갈매기 벗 삼아
홍도에 안착했던 큰 꿈을
꾸었지

절벽 바위 틈에 심은 나무
하나하나 분재요 그림이더라

홍도야 울지마라 오빠가
있다는 그 섬 구석구석이
한 폭의 그림에다 비할고.

흑산도 아가씨

남몰래 서러운
흑산도 아가씨
노래가 생각난다

흑산도 땅은 검은 흙
그래서 흑산도래

외로이 떨어진 섬
그곳에 염소도
시커멓더라

한 농부가 너무 외로워
염소 두 마리 키웠더니
50마리가 되었단다

시커먼 얼굴에 외로움이
가득한 농부의 얼굴이
생각난다.

제5부

그리움은 가슴속에

윤길중 부의장님

벌써 떠나신지 오래다

무궁화 운동에 함께 하셨고
언제나 30분 전 이찬역 의원님과
저를 지켜주셨던 어른들

극락왕생을 하셨겠지
병원에 계실 때도 그 은혜
보답코저 자주 갔다

이태백이 시를 잘 쓰셨다
서대문 감옥 10년을 사셨는데
늘 여유로운 웃음짓는 어른

많은 글을 써주신 덕에
힘들 때 한섬씩 팔아시
무궁화 운동에 보탬이 된다.

서정우 박사님

교육계 몸 담은지
반세기가 지났네
연세대학교 언론학의
토대를 닦으신 분

아직
학교 일이 끝나지 않았다는
그 말씀에
힘이 있더라

언론에 몸담아
한 평생을 살아오신
위대한 박사님

무궁화 명예총재로 계신지도
어언 이십년 세월

항시 보아도 너그럽고
편안한 자태에
보는 이로 하여금
고개 숙여지는
서정우 박사님께
늘 감사하는 마음으로
늘 기도 합니다.

조혜자 여사님

건국대통령 며느님
조혜자 여사님
나라를 사랑하시어
뜻을 모아
함께 한 세월이
아득하구려

영부인을 모시고
받드신 고운마음
나라 사랑에
평생을 함께 해온
조혜자 여사님

프란체스카 영부인께서는
나라꽃 무궁화를
너무도 위대하게
소중히 간직했던
영부인이다

명승희와
조혜자 여사님은
무궁화 운동의
동반자로서
나라사랑 하는 그 마음
지금까지 함께 하고 있다.

김선식 의사님

삶의 현장을 보았네
우직한 성품에도
고요롭고요

아픔에 희망 주신
님이시여

언제나 자비와
덕을 베푼 그 님

황혼을 막지 못한
세월이 야속하구려

가신 길 섧다말고
이 강산 봄이 오면
다시 오소서

못 다한 중생들이
님을 기다립니다.

고대 총장님 이기수

무궁화 운동에 일익을
담당하신 총장님

정부도 정치인도
외면하고 나라꽃
무궁화를 위해
오래도록 함께 하신
총장님

어려웠던 국혼 운동에
힘을 실어 주신
이기수 총장님

큰 직책도 아닌
자문위원장을 맡아
국혼을 살려 주신 총장님

영원히 역사에
기록될 것입니다

아무리 바빠도
무궁화 행사에
참여 해 주신
이기수 총장님께
감사를 드립니다.

지창훈 황북지사

이북에서 아버지께서
이남가서 잘살라
그리고 도지사가 되라 했대요

부모님 뜻을 실천했지요
윤길중 부의장 비서실장
황북지사 임명받아
오년을 몸담아
부모 뜻을 이루었다

이북에 첫 사랑이 있는데
함께 오지 못해
기다렸지만

부모님 성화에 못이겨
심부름 했던
약사인 아내와
결혼했단다
늘 첫사랑 애기로 꽃피웠지요

무궁화 운동은 나라사랑 운동이라고
오도청 시민들 운동회 날은
멋진 소개 해 주셨던
황북 지사님 늘 감사합니다.

유준상 국회의원

유의원 순발력은
어릴적에도
소문이 났다

지금도 무궁화 운동에
앞장서온 유의원
나와의 인연은
아주 깊다

학교 후배로서
정치에 입문하여
지칠 줄 모르는 체력
나라사랑 무궁화 운동
일익을 담당하고 있다

지금도 무궁화 정신으로
마라톤 준비를 한다니
42.195Km를 뛴다

앞으로 대한민국을 위해
아직도 할 일이 많다니
그 체력 그 정신이
무궁화 혼불의
힘인 것 같다.

구석봉 선생님

여의도 시범에 자리잡은
구석봉 선생님

어느 누구도 흉내 낼 수 없는
시인 구석봉 선생님

동쪽 집에 류달영 박사님
서쪽에는 구석봉 시인

한 울타리에 예쁜 꽃
키우며
늘 상 꽃 키운 자랑에
칭찬을 두 분 질세라

류달령 박사님은
다복하셨고
구석봉 선생님은
누나와 함께 어쩜

두 남매 사이가 좋은지

그리고 한 울타리에
꽃 키우는 재미와 취미도
같은 어른들

아마 저 세상에서도
두 분들은 날마다 만나
오순도순 사실거야

시범에 갈 적마다
명승희 총재 왔다고
꽃 자랑하던 옛날이
보고 싶고 그립습니다.

이태영 박사님 회상

고인이 되신지 오래다
근데 자꾸 생각이 납니다
무궁화 사랑도 한글도
사랑을 하시던 큰 어른

처음 만나 쾌히 고문 수락 하시면서
이 땅에 무궁화가 피여
이제야 화려강산
금수강산이 될 날이
멀지 않구려

더욱이 여성들이 그동안
대한의 딸들은 자기의 권리를
찾지 못했다
여성운동도 무궁화운동도 함께
하자고 얼싸안으셨던 위대한 여성 지도자

어렵고 고달플 때 함께 해준
큰 어른
정일형 박사님을 찾을 때면
직접 오셔서 무궁화를 가슴에 안고

얼마나 흐뭇한 표정
정 박사님께서 반겨 줄거요
그리고 명총재에게 큰 힘을 주실거다
함박 웃음 짓고 두 손 잡아준 큰 어른
오늘은 왠지 그 분이 그립구려
나에게 큰 힘과 빽이였는데.

이강훈 광복회장님

일본 감옥 15년을 독립운동으로
사셨는데 석방되던 날

다시 물었다 한국에 가서
독립운동 않겠다고
각서 쓰라 해

나는 한국에 가도
독립운동 할거라
말씀하시니

다시 오년을 감옥에 가두어
20년 옥살이
나라 사랑을
더욱 더 불타올랐다

칭찬이지만 명승희 총재가 있으니
대한민국은 밝아온다

동상건립문 그대로 만백 그러니
100살 되던 해 윤길중 류달령
이강훈, 지창훈 도지사께서

하루 시간을 내어 동상을
거론했다
나는 아니라고 안된다고
그러나 그분들은 해냈다

네 분의 친필이 원본이 있다
끝내 해냈다
그분들은 나라사랑이
어느 일보다 소중했다

돌아가실 무렵 선산으로
희망했지만
70살에 장가들어
아들 하나 있다

여자 나이차이가 40살
늘 철없다
명 총재에게 본인 떠나면
도와달라 그리고 명 총재 얘기를
꼭 들으라고
아내에게 다짐했다

근데 결국 선산이 아닌
국립묘지 애국지사 자리에
묻혀 제 헌화를 받으신다.

박양덕 고문님

처음 보았네
당당하신 그 모습
이영회를 좌우했던
거룩한 어머님

젊음의 한 평생을
남을 위해 살아오신
위대한 박 양 덕 회장님

어느 곳 손이 가지 않는
곳이 없던 박양덕 회장님

작년까지만 해도
이 곳 저 곳 살피시던
박양덕 회장님

오늘 보고파 전화했는데
이제는 힘이 부치나봐요

이북에서 판사 아버지의 딸
박양덕 회장님

총칼 앞에서도 굴하지 않는
박양덕 회장님

남편인 판사님은
돈을 모른대요
살아생전 뒷바라지
아내의 소임을 다하신
박양덕 회장님

슬플 때 울어 주고
배고픔을 달래주면
어느 곳 한 곳인들
빼놓지 않는 박양덕 회장님

나라꽃 무궁화 운동에도
앞장 서신 박양덕 회장님

음으로 양으로 돌봐주신
무궁화 운동에
대한민국
무궁화가
피었습니다.

저자와의 협약에 의해 인지를 생략합니다

국 혼

첫 번째 인쇄 / 2019년 9월 10일
첫 번째 발행 / 2019년 9월 15일

지은이 / 명승희
펴낸이 / 연규석
펴낸곳 / 도서출판 고글
ISBN 979-11-85213-81-1 03810

서울특별시 용산구 한강로 2가 144-2
등록 / 1990년 11월 7일(제302-000049호)
전화 / (02)794-4490 (031)873-7077

값 15,000 원

※ 잘못된 책은 판매처에서 교환해 드립니다.